GRÜNE
SMOOTHIES
365 REZEPTE

GESUND · SCHNELL · LECKER

Das vorliegende Buch ist gewissenhaft erarbeitet worden. Dennoch erfolgen alle Angaben ohne Gewähr. Eine Haftung für eventuelle Nachteile oder Schäden, die aus den im Buch gemachten praktischen Hinweisen resultieren, kann weder vom Autor noch vom Verlag übernommen werden. Jegliche Haftung für Vermögens-, Personen- oder Sachschäden ist ausdrücklich ausgeschlossen.

Das Werk einschließlich aller seiner Teile ist urheberrechtlich geschützt. Jede Verwertung außerhalb der Grenzen des Urheberrechtsgesetzes ist ohne Zustimmung des Autors und des Verlages unzulässig und strafbar. Das gilt insbesondere für Vervielfältigungen, Übersetzungen, Mikroverfilmungen und die Einspeicherung und Verarbeitung in elektronischen Systemen.

Alice Anderson
Printed in Germany
Titelfoto: Rixie, dreamstime.com, Innenseiten Foto: Tomboy2290, dreamstime.com
© 2015 Herstellung und Verlag: Books on Demand GmbH, Norderstedt

ISBN 9783734751578

Grüne Smoothies

Grüne Smoothies schmecken super und erfreuen sich nicht nur wegen ihrer gesunden Inhaltsstoffe einer immer größeren Beliebtheit. Mit grünen Smoothies ernähren Sie sich gesund, schnell und auch noch sehr einfach – denn selten sind mehr als ein paar frische Zutaten und Wasser nötig.

Bevor Sie mit dem Mixen anfangen, noch ein paar Tipps, die Ihnen bei der Zubereitung eines perfekten grünen Smoothies helfen werden:

- **Als Mixer empfiehlt sich ein Hochleistungsmixer mit einer ausreichenden Leistung und hoher Messergeschwindigkeit von ca. 18.000-30.000 Umdrehungen pro Minute. Mit solchen Mixern, wie Sie auch in der Gastronomie verwendet werden, zerkleinern Sie alle Zutaten zu Smoothies mit einer perfekt cremigen Konsistenz ohne verbleibende Stückchen.**

- **Gefrorene Zutaten – wie gefrorene Mangostücke, Spinat, Bananen, Beeren, etc. kühlen den Drink gleich während der Zubereitung herunter und verleihen ihm einen angenehm kühlen Geschmack.**

- **Generell besteht ein grüner Smoothie etwa aus 50% Obst, 50% grünen Blättern und Wasser nach beliebem.**

- **Geben Sie zuerst die saftigen Obstsorten auf das Mixermesser damit beim Mixvorgang alle Bestandteile im Mixbecher besser vom Messer erfasst werden.**

- Da Sie viele Obstsorten ungeschält und mit Kerngehäuse verwenden können, sollten Sie nur Bio-Qualität verwenden. Obst und Salat sollten vor der Verwendung immer gewaschen werden!

- Die Wassermenge in den Rezepten richtet sich nach Ihren Vorlieben. Am einfachsten ist es, den mit Obst und Blattgemüse gefüllten Mixbecher ca. bis zur Hälfte mit Wasser aufzufüllen. Nach dem ersten Mixvorgang erkennen Sie sehr schnell, ob der Smoothie zu dick ist. Nun können Sie nach weiteres Wasser zugeben und noch einmal kurz aufmixen.

- Ist Ihnen ein Smoothie nicht süß genug, geben Sie einfach ein paar Weintrauben, eine Banane oder eine oder mehrere Datteln (ohne Stein) dazu und mixen erneut gut durch. Süßende Mittel wie Zucker, Honig oder Sirup sind nicht notwendig.

- Eine cremige Konsistenz des Smoothies ist nicht nur vom Mixer sondern auch von den Zutaten abhängig. Wenn Sie Banane, Birne, Mango oder Avocado als Zutat verwenden, erhalten Sie einen homogenen und cremigen Smoothie, der sich nicht schnell in eine feste und eine flüssige Schicht trennen wird.

- Für den Anfang empfiehlt sich die Verwendung von eher neutral schmeckendem Blattgemüse wie Spinat, Feldsalat oder Kopfsalat. Je nach Belieben können aber auch bittere und herzhafte Sorten wie Römersalat, Chircorée, Rucola usf. zugefügt werden.

- Kaufen Sie Bananen, wenn Sie dunkle Stellen bekommen. Dann sind sie besonders süß. Größere Mengen können Sie einfach schälen und halbiert einfrieren. Aus einem wieder verschließbaren Gefrierbeutel lassen sie sich gut portionieren. Sie kühlen Ihren Smoothie wie Eiswürfel. Ebenso lässt sich Mango gut in Portionen einfrieren. Schlagen Sie zu, wenn Mango im Angebot ist und legen Sie sich einen Vorrat an.

- Tropische Früchte haben einmal im Jahr Saison und werden günstig angeboten. Wechseln Sie Ihre Zutaten je nach Saison: Verwenden Sie z.B. Zitrusfrüchte vorzugsweise in den Wintermonaten. In den Sommermonaten greifen Sie vorzugsweise zu heimischen reifen Obst- und Gemüsesorten.

- Verwenden Sie einen starken schnellen Mixer, können Sie ohne Bedenken Kernobst, wie Äpfel und Birnen mitsamt ihren Kerngehäusen mixen. Hier sind ebenfalls wichtige Inhaltsstoffe enthalten. Entfernen Sie jedoch immer die Kerne von Steinobst, wie z.B. von Kirschen, Aprikosen, Zwetschgen, usf.

- Kerne von Zitrusfrüchten sollten Sie vor dem Mixen ebenfalls entfernen da sie einen strengen Geschmack haben und einen Smoothie geschmacklich leicht verderben können.

Wandeln Sie die Rezepte nach Ihren Vorlieben ab und genießen Sie!

1. Banane-Mango Klassiker

150g Babyspinat

1 Banane

1 Mango oder 1 Tasse gefrorene Mango

50 ml Apfelsaft

50 ml Orangensaft

Wasser

2. Himbeersmoothie

1 kleiner Salatkopf

(Sorte je nach Belieben von neutral bis bitter)

2 Pfirsiche

10 Weintrauben (kernlos)

1 Aprikose

1 Tasse Himbeeren (evtl. gefroren)

Wasser

3. Petersilie mal anders

1 Bund Petersilie

ein paar Salatblätter

2 Bananen (evtl. gefroren)

1 Orange

1 Apfel

Wasser

4. Melone pur

Wassermelone (ca. Hälfte des Mixbechers)
1 Tasse gefrorene Mango
Mixer mit Salatkopf (Sorte je nach Belieben von neutral bis bitter) auffüllen
je nach Geschmack etwas Zitronensaft
Wasser

5. Lila Wachmacher

2 Tassen Heidelbeeren
Spinat
2 Tassen Orangensaft
Wasser

6. Sauer und süß

1 Tasse Mango (evtl. gefroren)
1 Tasse rote Johannisbeeren
1 Tasse schwarze Johannisbeeren
150 g Feldsalat
1 Tasse Apfelsaft
Wasser

1 Tasse = ca. 250 ml oder ¼ Liter

7. Traubenfreude

1 Salatgurke mit Schale
2 Tassen Weintrauben (kernlos)
1 Kiwi
1 Orange
1 Apfel
Ein paar Salatblätter
1 kleines Stück Ingwer
Wasser

8. Grüne Energie

2 Birnen
2 Tassen Mangold
1 Banane (gefroren)
1 Apfel
Wasser mit einem Spritzer Zitronensaft

9. Erdbeer-Smoothie

2 Tassen Chinakohl
2 Tassen Erdbeeren
1 reife Mango oder 2 Tassen gefrorene Mango
2 Bananen
Wasser

10. Frisches Wunder

2 Pfirsiche
2 Orangen
2 Äpfel
1 Tasse Himbeeren (gefroren)
Wasser

11. Blaue Lagune

150 g Babyspinat
1 kleines Stück Ingwer
1 Tasse Blaubeeren (gefroren)
1 Tasse Apfelsaft
1 Tasse Wasser

12. Anna Nass

½ Salatkopf (Sorte je nach Belieben von neutral bis bitter)
1 Tasse Ananas
2 Tassen Mango (gefroren)
1 Banane
2 Tassen Wasser

13. Apfel und mehr

1 Tasse Erdbeeren (mit Grün)
1 Banane
150 g Spinat
1 Apfel
1 Tasse Apfelsaft
1 Tasse Wasser

14. Traubensaft

Kohlblätter
10 Weintrauben kernlos
1 Banane
1 Apfel
2 Tassen Wasser

15. Fitte Beeren

½ Salatkopf (Sorte je nach Belieben von neutral bis bitter)
1 Tasse Brombeeren
1 Tasse reife Johannisbeeren
2 Tassen Apfelsaft

16. Wachmacher

150g Babyspinat
1 Mango
2 Bananen (gefroren)
1 Stückchen Ingwer
1 Tasse Ananas
Wasser

17. Energietank

1 Tasse Kohl
2-4 Blätter Mangold (je nach Größe)
2 Äpfel
½ Zitrone (Saft oder Frucht ohne Kerne)
1 Tasse Mango (gefroren)
Wasser

18. Blau und Grün

1 Tasse Petersilie
¼ Salatkopf (Sorte je nach Belieben von neutral bis bitter)
1 Apfel
2 Orangen
1 Tasse Heidelbeeren
Wasser

1 Tasse = ca. 250 ml oder ¼ Liter

19. Birne-Mangold-Smoothie

Mangold
2 Birnen
ein paar Weintrauben (kernlos)
1 Apfel
1 Banane (gefroren)
Wasser

20. Mango-Mangold-Smoothie

Mangold
2 Orangen
1 Apfel
2 Tassen Mango (gefroren)
Wasser

21. Spinat-Power

200 g Spinat
1 Apfel
2 Bananen (gefroren)
1 Orange
1 kleines Stück Ingwer
Wasser

22. Kiwi-Drink

½ Salatkopf (Sorte je nach Belieben von neutral bis bitter)
2 reife Kiwis
1 Orange
2 Tassen Ananas
Wasser

23. Minzy!

Minze (Blätter von einem Zweig, ca. 8-10 St.)
5 Salatblätter
2 Tassen Mango
1 Orange
Wasser

24. Der Kraftmacher

1 Stange Sellerie
½ Salatkopf (Sorte je nach Belieben von neutral bis bitter)
1 Orange
1 Birne
1 Apfel
Wasser

1 Tasse = ca. 250 ml oder ¼ Liter

25. Minze und mehr

200g Spinat
Minze (Blätter von einem Zweig, ca. 8-10 St.)
2 reife Kiwis
1 Orange
2 Bananen (gefroren)
Wasser

26. Flüssige Power

½ Salatkopf (Sorte je nach Belieben von neutral bis bitter)
2 Äpfel
1 Orange
1 Mango
etwas Zitronensaft
Wasser

27. Kräuterkraft

2 Tassen Petersilie
2 Orangen
2 Tassen Mango (gefroren)
Wasser

28. Orange-Mandarine

200g Spinat
2 Mandarinen
2 Orangen
2 Bananen
1 Apfel
Wasser

29. Beeren und Pfirsiche

½ Salatkopf (Sorte je nach Belieben von neutral bis bitter)
3 Pfirsiche
1 Aprikose
1 Banane (gefroren)
1 Hand voll Beeren (Johannisbeeren oder Brombeeren)
Wasser

30. Weizengras-Drink

1 Tasse Weizengras
1 Tasse Mangold
2 Tassen Mango (gefroren)
1 Banane
1 Birne
Wasser

1 Tasse = ca. 250 ml oder ¼ Liter

31. Erdbeer-Johannisbeer-Smoothie

½ Salatkopf (Sorte je nach Belieben von neutral bis bitter)
2 Blätter Minze
2 Pfirsiche oder Nektarinen
1 Tasse Erdbeeren
1 Tasse reife Johannisbeeren
Wasser

32. Süß und Sauer

150g Babyspinat
1 Pfirsich
1 Banane
1 Apfel
½ Zitrone (geschält ohne Kerne)
1 reife Kiwi
Wasser

33. Orangenglut

1 Salatkopf (Sorte je nach Belieben von neutral bis bitter)
1 Mango
2 Orangen
2 Mandarinen
1 Tasse Orangensaft
Wasser

34. 2 x Berry

150g Spinat
2 Tassen Beerenmischung (gefroren)
1 Banane
Wasser

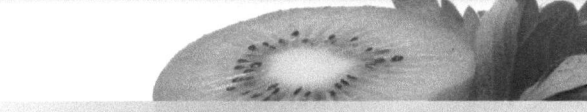

35. Rote Beete ganz anders

Blätter einer roten Beete
2 Äpfel
2 Orangen
1 Tasse Erdbeeren (mit Grün)
Apfelsaft oder Wasser

36. Auf in die Tropen

½ Salatkopf (Sorte je nach Belieben von neutral bis bitter)
2 Tassen Ananas
½ Papaya (ohne Kerne)
½ Banane (gefroren)
1 Apfel
Wasser

37. Schnelle Power

5-6 Blätter Mangold
1 Dattel (ohne Stein)
2 Bananen
1 Orange
1 Apfel
Wasser

38. Pikante Überraschung

1 Bund Persilie
5 Blätter Salat
2 reife Kiwis
2 Tassen Mango (gefroren)
1 Apfel
Wasser

39. Tropic

150g Feldsalat
½ Ananas
etwas Kokosmilch
2 Tassen Mango (gefroren)
1 Tasse Orangensaft
Wasser

40. Kressenblitz

150g Feldsalat
etwas Brunnenkresse
1 Orange
1 Apfel
1 Pfisich
1 Banane
Wasser

41. 3 x Beere + Banane

150g Spinat
1 Tasse Johannisbeeren
1 Tasse Heidelbeeren
1 Tasse Brombeeren
1 Banane
Wasser

42. Ananas und Traube

½ Salatkopf (Sorte je nach Belieben von neutral bis bitter)
½ Ananas
1 Banane
1 Apfel
1 Tasse Weintrauben (kernlos)
Wasser

43. Birnenklassiker

einige Kohlblätter
2 Birnen
1 Orange
1 Tasse Mango (gefroren)
Wasser

44. Cremige Heidelbeere

150g Feldsalat
2 Tassen Heidelbeeren
2 Birnen
Wasser

45. Fruchtige Versuchung

150g Spinat
2 Birnen
2 Äpfel
2 Bananen
Wasser

46. Sauer macht lustig!

½ Salatkopf (Sorte je nach Belieben von neutral bis bitter)
2 Orangen
½ Zitrone (geschält, ohne Kerne)
1 Grapefruit (geschält, ohne Kerne)
1 Banane
Wasser

47. Scharfe Abwechslung

1 Bund Rucola
2 Bananen
2 Äpfel
1 Orange
Wasser

48. Bitter-Fun

1 Bund Löwenzahn
2 Tassen Mango (gefroren)
1 Apfel
1 Tasse Orangensaft
Wasser

49. Feldsalat-Birne

150g Feldsalat
2 Birnen
2 Kiwis
1 Stückchen Ingwer
Wasser

50. Salat und mehr

½ Salatkopf (Sorte je nach Belieben von neutral bis bitter)
1 Hand voll Spinat
1 reife Mango
2 Orangen
Wasser

51. Banane & Melone

100g Feldsalat
100g Spinat
2 Bananen
2 Tassen Wassermelone
1 Orange
Wasser

52. Kiwi im Quadrat

200g Salatmischung
4 reife Kiwis
½ Papaya ohne Kerne
½ Zitrone (geschält ohne Kerne)
1 Banane (gefroren)
10 Weintrauben (kernlos)
Wasser

53. Sauerampfer!

1 kleiner Bund Sauerampfer
100g Spinat
3 Birnen
2 Tassen Apfelsaft
Wasser

54. Red Red Red

Blätter einer Roten Beete
2-6 Blätter Radicchio
4 Tassen Erdbeeren
2 Tassen Apfelsaft
Wasser

1 Tasse = ca. 250 ml oder ¼ Liter

55. Mangold & Minze

4 Blätter Mangold
1 Hand voll Chinakohl
1 Blatt Minze
1 Apfel
1 Orange
1 Banane
Wasser

56. Brennessel

1 Tasse junge Brennesselblätter
½ Zitrone ohne Kerne
1 Apfel
2 Tassen Mango (gefroren)
2 Tassen Orangensaft
Wasser

57. Gurkenerfrischung

1 Salatgurke
1 Apfel
1 Orange
3 Birnen
Wasser

58. Brunnenkresse

½ Salatkopf (Sorte je nach Belieben von neutral bis bitter)
etwas Brunnenkresse
1 kleines Stück Ingwer
1 Mango
2 Pfirsiche
Wasser

59. China-Dream

1 Pak Choi
1 Apfel
1 Dattel (ohne Stein)
1 Mango oder 2 Tassen gefrorene Mangostücke
1 Birne
Wasser

60. Grünes Geheimnis

1 Bund Löwenzahn
4 Kiwis
1 Banane
1 Orange
Wasser

61. Der Winter kann kommen!

150g Feldsalat
10 Zwetschgen (ohne Stein)
1 Tasse Johannisbeeren
1 Banane
Wasser

62. Blue Orange

150g Spinat
2 Tassen Heidelbeeren
2 Kiwis
1 Tasse Erdbeeren
1 Orange
Wasser

63. Avocado Taste

½ Salatkopf (Sorte je nach Belieben von neutral bis bitter)
2 Kohlblätter
1 Kiwi
½ Avocado (ohne Stein)
1 Orange
1 Apfel
1 Birne
Wasser

64. Zwetschgen fruchtig

150g Feldsalat
10 Zwetschgen (entsteint)
1 Banane
½ Zitrone (ohne Kerne)
1 Apfel
1 Tasse Mango (gefroren)
Wasser

65. Cremiger Genuss

½ Avocado
3 Birnen
1 Pfirsich
1 Banane
Wasser

66. Fruchtgurke

½ Salatgurke
1 Hand voll Salat
2 Birnen
2 Orangen
1 Tasse Mango (gefroren)
Wasser

1 Tasse = ca. 250 ml oder ¼ Liter

67. Traube und mehr

½ Salatgurke
2 Äpfel
1 Banane
1 Tasse Weintrauben (kernlos)
Wasser

68. China Mango

2 Tassen Chinakohl
1 Banane
1 Apfel
1 Orange
1 Tasse Mango
Wasser

69. Blaue Birne

1 Bund Löwenzahn
2 Tassen Heidelbeeren
2 Birnen
1 Orange
Wasser

70. Papaya-Energie

150g Feldsalat
½ Papaya (ohne Kerne)
1 Banane
1 Tasse Mango (gefroren)
Wasser

71. Weizengras Erneuerung

1 Tasse Weizengras
1 Tasse Karottensaft
1 Tasse Orangensaft
1 Apfel
1 Birne
1 Banane
Wasser

72. Fast chinesisch

1 Pak Choi
2 Tassen Weintrauben (kernlos)
1 Tasse Mango
1 kleines Stück Ingwer
etwas Zitronensaft
Wasser

73. Cremig-Sauer

1 Bund Petersilie
½ Avocado
2 Birnen
1 Tasse Johannisbeeren
1 Tasse Apfelsaft
Wasser

74. Birne Banane

½ Salatkopf (Sorte je nach Belieben von neutral bis bitter)
2 Birnen
½ Salatgurke
1 Apfel
1 Banane
Wasser

75. Süßer Mix

150g Feldsalat
4 Tassen Wassermelone
1 Tasse Weintrauben (kernlos)
Wasser

76. Honey

2 Tassen Chinakohl
4 Tassen Honigmelone
1 Orange
1 Apfel
Wasser

77. 1-2-3-Smoothie

½ Salatkopf (Sorte je nach Belieben von neutral bis bitter)
3 Birnen
1 Banane
2 Orangen
2 Pflaumen
Wasser

78. Wassermelone erfrischend

½ Salatgurke
4 Tassen Wassermelone
½ Zitrone (ohne Kerne)
1 Orange
1 Apfel
Wasser

79. Die Römer kommen!

1 Salatherz eines Römersalats
2 Kiwis
2 Tassen Ananas
1 Orange
Wasser

80. Himmmmmmh…

½ Salatkopf (Sorte je nach Belieben von neutral bis bitter)
4 Kiwis
1 Tasse Himbeeren
1 Tasse Ananas
Wasser

81. Pure Berry

2 Tassen Chinakohl
1 Tasse Heidelbeeren
1 Tasse Himbeeren
1 Tasse Erdbeeren
1 Tasse Johannisbeeren
Wasser

82. Apfel-Himbeer

150g Spinat
50g Feldsalat
1 Apfel
2 Tassen Himbeeren
1 Banane
Wasser

83. Apricot

150g Feldsalat
2 Pfirsiche
6 Aprikosen
Wasser

84. Weinsalat

½ Salatkopf (Sorte je nach Belieben von neutral bis bitter)
2 Tassen Weintrauben
1 Banane
Wasser

85. Birne, Birne, Birne

½ Salatkopf (Sorte je nach Belieben von neutral bis bitter)
3 Birnen
1 Apfel
1 Banane
1 Pfirsich
Wasser

86. Der Tropische

150g Salatmischung
½ Ananas
2 Pfirsiche
Wasser

87. Petersilie verminzt

1 Bund Petersilie
5 Blätter Minze
2 Birnen
1 Tasse gemischrte Beeren (gefroren)
1 Banane
Wasser

88. Gelb-Rot

150g Salatmischung
4 Tassen Melone
1 Banane
etwas Zitronensaft
Wasser

89. Schwarzkohl fruchtig

4 Blätter Schwarzkohl
1 Banane
1 Apfel
1 Pfirsich
Wasser

90. Erdbeere mag jeder!

2 Tassen Chinakohl
2 Tassen Erdbeeren
1 Tomate
1 Tasse Weintrauben (kernlos)
1 Banane
Wasser

91. Colada

1 Pak Choi
½ Ananas
etwas Kokosmilch
Wasser

92. Beach Party

150g Salatmischung
2 Tassen Wassermelone
1 Apfel
1 Orange
1 Banane
Wasser

93. Caipi smooth

2 Tassen Mangold
½ Salatgurke
1 Limette (nur den Saft)
1 Banane
1 Birne
Wasser

94. Cool Ananas

150g Babyspinat
2 Tassen Ananas
1 Banane
1 Apfel
1 Birne
Wasser

95. Sour cream

½ Salatkopf (Sorte je nach Belieben von neutral bis bitter)
½ Zitrone (Saft)
1 Orange
½ Avocado
1-2 Pfirsiche
Wasser

96. Die Passion

150g Feldsalat
2 Pfirsiche
1 Apfel
2 Tassen Mango (gefroren)
Wasser
nach dem Mixen Kerne einer Passionsfrucht zugeben und verrühren.

97. Orangen-Minze

150g Spinat
2 Tassen Mango (gefroren)
2 Äpfel
2 Orangen
2 Blätter Minze
Wasser

98. Pflaumen-Genuss

½ Salatkopf (Sorte je nach Belieben von neutral bis bitter)
2 Tassen Weintrauben (kernlos)
1 Banane
½ Salatgurke
5 Pflaumen
Wasser

99. Portulak lässt grüßen!

1 Tasse junger Portulak
½ Salatgurke
2 Kiwis
1 Tasse Weintrauben (kernlos)
2 Birnen
Wasser

100. Stachelbeer

½ Salatkopf (Sorte je nach Belieben von neutral bis bitter)
1 Orange
2 Tassen Stachelbeeren
1 Tasse Orangensaft
Wasser

101. Beerig mit Mango

150g Feldsalat
1 Tasse rote Johannisbeeren
1 Tasse schwarze Johannisbeeren
1 Tasse weiße Johannisbeeren
2 Tassen Orangensaft
2 Tassen Mango (gefroren)
Wasser

102. Erdbeer-Mangold

2 Tassen Mangold
2 Tassen Erdbeeren
1 Tasse Mango (gefroren)
1 Banane
1 Apfel
Saft einer halben Limette
Wasser

103. Römischer Brunnen

100g Feldsalat
50g Römersalat
1 Tasse Himbeeren
1 Banane
2 Pfirsiche
Wasser

104. Möhrengrün

Grün einer Mohrrübe
½ Salatkopf (Sorte je nach Belieben von neutral bis bitter)
1 Dattel (ohne Stein)
1 Tasse Weintrauben
1 Pfirsich
1 Banane
1 Orange
Wasser

105. Ampfer-Energy

1 Bund Sauerampfer
1 Apfel
1 Orange
2 Bananen (gefroren)
Wasser

106. Radieschenglück

150g Spinat
2 Radieschen mit Grün
1 Banane
1 Apfel
2 Zwetschgen
2 Orangen
Wasser

107. Sellerie-Johannisbeere

½ Salatkopf (Sorte je nach Belieben von neutral bis bitter)
Blätter einer roten Rübe
1 Stange Sellerie
2 Tassen rote Johannisbeeren
1 Tasse schwarze Johannisbeeren
1 Banane
1 Feige
Wasser

108. Kiwi-Kohl-Smoothie

1 Tasse Kohl
2 Kiwis
2 Bananen
Wasser

109. Minz-Birne

3 Tassen Mangold
3 Tassen Ananas
3 Birnen
3 Blätter Minze
Wasser

110. Klassische Avocado

1 Avocado
1 Tasse Chinakohl
1 Birne
2 Bananen
Wasser

111. Heidelbeer cremig

2 Tassen Mangold
2 Tassen Heidelbeeren
1 Banane
1 Birne
Wasser

112. Fast wie Weihnachten

2 Tassen Chinakohl
5 Mandarinen oder Klementinen
1 Orange
2 Bananen
Wasser

113. Mango Mango

½ Salatkopf (Sorte je nach Belieben von neutral bis bitter)
1 Tasse Spinat
2 reife Mangos
1 Pfirsich
Wasser

114. Aprikosengenuss

½ Salatkopf (Sorte je nach Belieben von neutral bis bitter)
etwas Petersilie
5 Aprikosen
1 Pfirsich
1 Banane
Wasser

115. Fruchtig lecker!

150g Spinat
1 Orange
1 Tasse Erdbeeren
etwas Zitronensaft
1 Banane
Wasser

116. Feldsalat mal anders

150g Feldsalat
1 Tasse Himbeeren
1 Tasse Erdbeeren
1 Banane (gefroren)
1 Apfel
Wasser

117. Mixed Berries

150g Spinat
1 Tasse gemischte Beeren (gefroren)
Saft einer halben Zitrone
1 Banane
1 Birne
Wasser

118. Cool Coconut

½ Salatkopf (Sorte je nach Belieben von neutral bis bitter)
½ Avocado
½ Kokosnuss (Wasser und Kokosnussfleisch)
1 Orange
2 Tassen Mango (gefroren)
Wasser

119. Himbeer und Johann

½ Salatkopf (Sorte je nach Belieben von neutral bis bitter)
etwas Spinat
1 Banane
1 Tasse Johannisbeeren
1 Tasse Himbeeren
Wasser

120. Einfach und schnell

1 Tasse Kohl
1 kleines Stückchen Ingwer
2 Tassen Orangensaft

121. Aufwand lohnt sich!

150g Babyspinat
½ Avocado
½ Limette (nur den Saft)
½ Salatgurke
1 Banane
1 Orange
2 Tassen Mango (gefroren)
10 Weintrauben, Wasser

122. Tomatensaft

2 Stangen Sellerie
2 Tomate
1 Tasse Basilikum
ein paar Tropfen Olivenöl
eine Prise Salz und Pfeffer
Wasser

123. Cream d'Orange

½ Salatgurke
½ Avocado
½ Zitrone (geschält ohne Kerne)
100g Babyspinat
2 Orangen
Wasser

124. Apfel-Beeren

½ Kopf Salat
2 Tassen Beerenmischung (gefroren)
1 Apfel
1 Orange
Wasser

125. Star

150g Babyspinat
1 Sternfrucht
2 Tassen Mango (gefroren)
1 Apfel
1 Orange
½ Banane
Wasser

126. Achtung sauer!

150g Feldsalat
½ Zitrone (ohne Kerne)
1 Tasse rote Johannisbeeren
2 Äpfel
1 Banane
Wasser

127. Direkt vom Feld

50g Feldsalat
50g Mangold
50g Spinat
1 Banane
2 Tassen Mango (gefroren)
1 Tasse Erdbeeren
1 Apfel
1 Orange
Wasser

128. Einfacher Luxus

2 Tassen Chinakohl
2 Tassen Mango (gefroren)
½ Banane
Wasser

129. Gesundheits-Saft

2 Tassen Löwenzahn
2 Bananen
1 Pfirsich
1 Apfel
1 Tasse Orangensaft
Wasser

130. Everyday

½ Salatgurke
100g Feldsalat
1 Apfel
1 Banane
10 Weintrauben (kernlos)
1 Orange
Wasser

131. Fruchtiger Pak Choi

1 Pak Choi
4 Tassen Wassermelone
Saft einer ½ Limette
1 reifer Pfirsich
Wasser

132. Auf in den Tag!

1 Bund Petersilie
Grün einer roten Beete
1 Apfel
1 Banane
½ Mango
Wasser

133. Was will man mehr?

1 Tasse Löwenzahn
½ Salatkopf (Sorte je nach Belieben von neutral bis bitter)
2 Birnen
2 Tassen Mango (gefroren)
1 Apfel
1 Tasse Apfelsaft
Wasser

134. Black Berry

150g Salatmischung
2 Tassen Orangensaft
1 Tasse schwarze Johannisbeeren
1 Tasse rote Johannisbeeren
1 Tasse Erdbeeren
1 Birne
Wasser

135. Frozen Dream

2 Tassen Chinakohl
1 Tasse Weintrauben
2 Tassen Mango (gefroren)
1 Orange
Wasser

136. Bitter-Süß

100g Babyspinat
5 Blätter Radicchio
1 Orange
2 Bananen
1 Dattel (ohne Stein)
Wasser

137. Kakipower

½ Salatkopf (Sorte je nach Belieben von neutral bis bitter)
2 Äpfel
2 Kakifrüchte
Wasser

138. Kakivariation

150g Feldsalat
1 Kakifrucht
2 Orangen
ein kleines Stückchen Ingwer
3 Blätter Minze
Wasser

139. Grapefruit zum Frühstück

½ Salatkopf (Sorte je nach Belieben von neutral bis bitter)
1 Grapefruit (ohne Kerne)
2 Datteln (ohne Kerne)
2 Bananen
Wasser

140. Lychee-Smoothie

3 Tassen Mangold
10 Lychees (geschält und entsteint)
1 Tasse Mango (gefroren)
1 Apfel
1 Orange
Wasser

141. Würziger Drink

1 Bund Petersilie
½ Salatgurke
1 Apfel
1 Orange
2 Bananen
Wasser

142. Paradies

½ Eichblattsalat
2 Orangen
1 Tasse Johannisbeeren
1 Banane
Wasser

143. Sommer-Erfrischung

3 Tassen Chinakohl
½ Zitrone (geschält, ohne Kerne)
1 Apfel
2 Orangen
2 Tassen Mango (gefroren!)
Wasser

144. Roter Blitz

1 Tasse rote Johannisbeeren
1 Tasse Himbeeren
1 Tasse Erdbeeren
1 Apfel
1 Orange
Wasser

145. Stachelbeer und Co.

2 Tassen Kohlblätter
2 Tassen Stachelbeeren
1 Orange
1 Tasse Apfelsaft
Wasser

146. Papaya-Klassiker

150g Feldsalat
½ Papaya (ohne Kerne)
2 Tassen Wassermelone
½ Zitrone (geschält, ohne Kerne)
Wasser

147. Orange-Kiwi

3 Tassen Chinakohl
½ Papaya (ohne Kerne)
2 Orangen
1 Kiwi
etwas Zitronensaft
Wasser

148. Aprikosen-Versuchung

150g Spinat
3 Pfirsiche
5 Aprikosen
1 Tasse Johannisbeeren
Wasser

149. 5x1=Spitze!

½ Salatkopf (Sorte je nach Belieben von neutral bis bitter)
1 Tasse Weintrauben (Kernlos)
1 Sternfrucht
1 Orange
1 Mandarine
1 Banane
½ Avocado
Wasser

150. Mango genießen

½ Salatkopf (Sorte je nach Belieben von neutral bis bitter)
2 Mangos
½ Papaya (ohne Kerne)
½ Zitrone (geschält ohne Kerne)
Wasser

151. Kiwi-Orange

150g Spinat
3 Pfirsiche
2 Kiwis
1 Orange
1 Banane
Wasser

152. Vitaminbombe

100g gemischter Salat
etwas Brunnenkresse
2 Birnen
1 Apfel
1 Banane
Wasser

153. Kohl-Glück

2 Tassen Kohlblätter
2 Bananen
1 Orange
1 Kiwi
Wasser

154. Chic

½ Chicorée
½ Salatkopf (Sorte je nach Belieben von neutral bis bitter)
2 Bananen
1 Birne
1 Apfel
1 Tasse Apfelsaft
Wasser

155. Coconut Kiss

150g Feldsalat
1 Kokosnuss (Kokoswasser und Fleisch)
1 Orange
1 Mango
Wasser

156. Sternfrucht-Apfel

150g Spinat
1 Banane
1 Apfel
1 Tasse Apfelsaft
1 Sternfrucht
Wasser

1 Tasse = ca. 250 ml oder ¼ Liter

157. Pfirsich-Beschleuniger

½ Salatkopf (Sorte je nach Belieben von neutral bis bitter)
3 Pfirsiche
2 Kiwis
½ Zitrone (ohne Schale und Kerne)
1 Mango
Wasser

158. Cremig-Cool

½ Salatkopf (Sorte je nach Belieben von neutral bis bitter)
2 Pfirsiche
5 Blätter Minze
2 Aprikosen
1 Banane
Wasser

159. Kurz und gut!

150g Spinat
2 Äpfel
3 Tassen Mango (gefroren)
1 Orange
Wasser

160. Honigmelone grün

150g Spinat
2 Orangen
2 Kiwis
½ Honigmelone (ohne Schale und Kerne)
Wasser

161. Honigmelone sauer

150g Feldsalat
½ Honigmelone
1 Tasse Johannisbeeren (gefroren)
1 Apfel
Wasser

162. Paprika!

1 Bund Petersilie
½ rote Paprika
1 Tomate
3 Bananen
1 Tasse Mango (gefroren)
Wasser

163. Vanille

½ Salatkopf (Sorte je nach Belieben von neutral bis bitter)
Mark von ½ Vanilleschote
2 Tassen Mango (gefroren)
2 Äpfel
2 Orangen
Wasser

164. Apfeltraum

½ Salatkopf (Sorte je nach Belieben von neutral bis bitter)
3 Äpfel
3 Bananen
Wasser

165. Gurke-Ananas

½ Salatgurke
100g Feldsalat
3 Tassen Ananas
1 Banane
Wasser

166. Kaki-Mango

150g Feldsalat
1 Mango
1 Kakifrucht
2 Orangen
Wasser

167. Würzige Kiwi-Orange

150g Spinat
1 Selleriestange
2 Kiwis
2 Orangen
2 Bananen
Wasser

168. Melonendrink

100g Spinat
5 Tassen Wassermelone
½ Zitrone
ggf. etwas Wasser

1 Tasse = ca. 250 ml oder ¼ Liter

169. Einfach & cremig

½ Avocado
1 Hand voll Salat
1 Banane
1 Apfel
2 Pfirsiche

170. Mangold-Banane

3 Tassen Mangold
1 Banane
½ Zitrone (geschält, ohne Kerne)
1 Orange
2 Tassen Mango (gefroren)
Wasser

171. Kaki-Banane

1 Tasse Chinakohl
1 Hand voll Feldsalat
2 Orangen
1 Banane
1 Kakifrucht
Wasser

172. Süße Versuchung

100g Feldsalat
etwas Kresse nach Geschmack
ein Stückchen Ingwer
5 Datteln (ohne Stein)
1 Orange
Wasser

173. Herbst-Vitamine

100g Feldsalat
50g Römersalat
5 Zwetschgen (entsteint)
2 Birnen
1 Apfel
½ Banane
Wasser

174. Erdbeeren sind reif!

150g Babyspinat
4 Tassen Erdbeeren
1 Banane
Wasser

175. Winterglück

½ Salatkopf (Sorte je nach Belieben von neutral bis bitter)
3 Orangen
2 Bananen
Wasser

176. Mandarinen-Smoothie

½ Avocado
½ Salatgurke
2 Orangen
1 Apfel
2 Mandarinen
1 Tasse Mango (gefroren)
Wasser

177. Die Mischung macht's!

½ Salatkopf (Sorte je nach Belieben von neutral bis bitter)
2 Tassen Beerenmischung (gefroren)
2 Äpfel
1 Banane
Wasser

178. Klassischer Wachmacher

½ Salatkopf (Sorte je nach Belieben von neutral bis bitter)
1 Banane
2 Pfirsiche
2 Aprikosen
2 Kiwis
Wasser

179. Nektarinen-Drink

150g Spinat
2 Nektarinen
1 Tasse Erdbeeren
10 Weintrauben (kernlos)
Wasser

180. Ampel

½ Salatkopf (Sorte je nach Belieben von neutral bis bitter)
2 Tassen Erdbeeren
1 Mango
Wasser

1 Tasse = ca. 250 ml oder ¼ Liter

181. Sauer wird süß

150g Feldsalat
1 Grapefruit
2 Datteln (ohne Stein)
1 Banane
1 Birne
Wasser

182. Power-Drink

1 Tasse Kohl
1 Bund Petersilie
1 Apfel
2 Orangen
1 Banane
1 Birne
Wasser

183. Kohl und mehr

3 Tassen Schwarzkohl
1 Mango
1 Orange
1 Apfel
Wasser

184. Ingwer in China

2 Tassen Chinakohl
1 kleines Stückchen Ingwer
3 Pfirsiche
1 Mango
Wasser

185. Tropische Mischung

150g Spinat
½ Ananas
1 Banane
Wasser

186. Brombeeren!

1 Bund Petersilie
1 Hand voll Spinat
1 Banane
3 Tassen Brombeeren
Wasser

187. Gurke im Smoothie

½ Salatgurke
100g Feldsalat
1 Birne
1 Orange
1 Apfel
Wasser

188. Eichblatt-Banane

100g Feldsalat
100g Eichblattsalat
1 Banane
2 Kiwis
2 Tassen Mango (gefroren)
Wasser

189. Wirsing

150g Wirsing
1 Banane
1 Mango
1 Orange
1 Birne
Wasser

190. Birnensmoothie

150g Kohlblätter
3 Birnen
1 Apfel
2 Orangen
Wasser

191. Süßer Kohl

150g Schwarzkohl
2 Äpfel
2 Orangen
2 Bananen
Wasser

192. Kalte Erdbeere

150g Wirsing
2 Tassen Erdbeeren
2 Tassen Heidelbeeren
1 Tasse Mango (gefroren)
Wasser

193. Wach in den Tag!

2 Tassen Chinakohl
1 Apfel
1 Dattel (ohne Stein)
1 Banane
etwas Zitronensaft
Wasser

194. Ananas-Cocos-Power

100g Spinat
3 Tassen Ananas
1 Kokosnuss (Kokosnusswasser und -fleisch)
1 Orange
Wasser

195. Kiwi-Mango-Mischung

2 Tassen Grünkohl
1 Kiwi
1 Orange
1 Mango
Wasser

196. Cranberries

150g Schwarzkohl
1 Tasse Cranberries
2 Bananen
Wasser

197. Himbeer-Genuss

150g Wirsing
2 Tassen Himbeeren
1 Tasse Johannisbeeren
1 kleines Stück Ingwer
Wasser

198. Achtung Grün!

1 Tasse Grünkohl
1 Tasse Spinat
1 Grapefruit
1 Banane
2 Datteln (ohne Kerne)
Wasser

1 Tasse = ca. 250 ml oder ¼ Liter

199. Birne pur!

150g Feldsalat
1 Apfel
1 Orange
3 Birnen
Wasser

200. Lecker Brombär!

2 Tassen Mangold
1 Tasse Feldsalat
1 Tasse Brombeeren
1 Tasse Himbeeren
1 Apfel
1 Banane
Wasser

201. Power aus Banane und Spinat

150g Spinat
1 Tasse Feldsalat
Zitronensaft
2 Bananen
1 kleiner Apfel
Wasser

202. Kirsch!

150g Spinat
2 Tassen Kirschen (entsteint)
1 Tasse rote Johannisbeeren
1 Banane
10 süße Weintrauben
Wasser

203. Dream of Vanilla

150g Feldsalat
Mark einer Vanilleschote
3-4 reife Pfirsiche
1 Banane
Wasser

204. Frech und Sauer

½ Kopf Salat
1 Hand voll Spinat oder Mangold
1 Grapefruit ohne Kerne
1 Orange
1 Mango
Wasser

1 Tasse = ca. 250 ml oder ¼ Liter

205. Der Birn-Mango

½ Salatkopf (Sorte je nach Belieben von neutral bis bitter)
1-2 reife Birnen
1 Orange
1 Mango oder 2 Tassen gefrorene Mango
Wasser

206. Blues

2 Tassen Mangold
1 Tasse Feldsalat
1 Blaubeeren
1 Tasse Himbeeren
etwas Ingwer
1 Banane
Wasser

207. Karotte

150g Grünkohl
1 Karotte
1 Apfel
1 Bananen
Wasser

208. Melissa

150g Feldsalat
Ein paar Blätter Zitronenmelisse
1 Banane
1 Apfel
½ Avocado
Zitrone nach Geschmack
Wasser

209. Campus

½ Salatkopf (Sorte je nach Belieben von neutral bis bitter)
etwas Ingwer
2 Orangen
2 Bananen
Wasser

210. Mangold-Birnen-Traum

2 Tassen Mangold
2 Datteln (ohne Steine)
1 Apfel
1 Orange
1 Tasse Mango (gefroren)
Wasser

1 Tasse = ca. 250 ml oder ¼ Liter

211. Ananas-Kokos

½ Salatkopf (Sorte je nach Belieben von neutral bis bitter)
½ Ananas
1 Tasse Kokosmilch
1 Tasse gefrorene Mango
Wasser

212. Süße Verführung

½ Salatkopf (Sorte je nach Belieben von neutral bis bitter)
3 getrocknete Feigen
2 Äpfel
1 Orange
Banane nach Belieben (für Extra-Süße)
Wasser

213. Pikante

150g Stangensellerie
etwas Petersilie
2 Tassen Mango
1 Banane
Wasser

214. Tropischer Vitamindrink

150g Feldsalat
½ Ananas
2 Orangen
1 Apfel
Wasser

215. Avocado-Blaubeere

150g gemischten Salat
1 Avocado
1 Banane
1 Birne
1 Schälchen Blaubeeren (ein paar zum Garnieren on Top!)
Wasser

216. Tomatenpfeffer

Etwas Grün einer roten Beete
4 reife Tomaten
Salz, Pfeffer
1 Chili ohne Kerne
1 Stange Sellerie
Wasser

217. Nektarinen-Smoothie

½ Salatkopf (Sorte je nach Belieben von neutral bis bitter)
4 reife Naktarinen
1 Banane
Wasser

218. Batavia!

2 Tassen Bataviasalat
2 Tassen Mangold
1 Apfel
2 Orangen
1-2 Tassen gefrorene Mango
Wasser

219. Krasse Kresse

2 Tassen Brunnenkresse
1 Birne
1 Banane
½ Avocado
Wasser

220. Weihnachten

150g Feldsalat
2 Äpfel
2 Orangen
2 Mandarinen
Zimt
Wasser

221. Peter-Silie

1 Bund Petersilie
1 Mango
1 Orange
Zitronensaft
Wasser

222. Bratapfel

2-3 Tassen neutraler Salat
2-3 süße aromatische Äpfel
Mark einer Vanilleschote
1 Birne
1 Tasse gefrorene Mango
Wasser

223. Erdbeer-Vanille

½ Salatkopf (Sorte je nach Belieben von neutral bis bitter)
3 Pfirsiche (ohne Stein)
Mark einer Vanilleschote
2 Tassen Erdbeeren
Wasser

224. Ingwer

150g Spinat
1 Mango
2 Orangen
1 Stück Ingwer
1 Apfel
Wasser

225. Cremige Mango

150g Spinat
1 Birne
1 Mango
½ Avocado
Wasser

226. Papaya-Cup

150g Feldsalat
2 Tassen Papaya-Fleisch
1 Orange
5 Blätter Pfefferminze
Wasser

227. Blauer Wein

½ Salatkopf (Sorte je nach Belieben von neutral bis bitter)
1 süßer Apfel
1 Tasse Blaubeeren
10 Weintrauben (ohne Kerne)
Wasser

228. Pap Aya

150g Feldsalat
2-3 Tassen Papaya-Fleisch
Saft einer halben Zitrone
1 Birne
Wasser

229. Feigenorange

150g Babyspinat
5 frische Feigen
1 Orange
1 Tasse gefrorene Mango
Wasser

230. Tropische Stimmung

150g Spinat
2 Mangos
Saft und Fleisch einer Kokosnuss
Wasser

231. Cremige Birne

150g Feldsalat
3 Birne
1 Apfel
½ Avocado
Wasser

232. Kickstarter

½ Salatkopf (Sorte je nach Belieben von neutral bis bitter)
2 Pfirsiche (ohne Stein)
2 Tassen Weintrauben
Wasser

233. Sweet Salat

½ Salatkopf (Sorte je nach Belieben von neutral bis bitter)
etwas Petersilie
3 Datteln ohne Stein
1 Orange
1 Tasse Mango
Wasser

234. HoneyMoon

150g Feldsalat
Fleisch einer halben reifen Honigmelone
Saft einer halben Zitrone
Wasser

235. Apricot

½ Salatkopf (Sorte je nach Belieben von neutral bis bitter)
6 Aprikosen
1 Orange
Wasser

236. Grünkohl

2 Tassen Grünkohl (ohne harte Stiele)
2 Tassen Feldsalat
2 Tassen Wassermelone
1 Orange
1 reife Kiwi
2 Tassen gefrorene Mango
Wasser

237. Leckere Mahlzeit

½ Kopf Eichblattsalat
1 Birne
1 Apfel
1 Orange
1 Mandarine
1 Banane
Wasser

238. Blauer Zauber

2 Tassen Grünkohl (ohne harte Stiele)
ein paar Blätter Kopfsalat
20 Weintrauben
1 Sternfrucht
1 Schale Blaubeeren
Wasser

239. Sommergefühl

3 Tassen Chinakohl
1 Honigmelone (ohne Kerne und Schale)
1 Orange
Wasser

240. Eisenlieferant

2 Tassen Grün der Roten Beete
½ Bund Persilie
1 Pfirsich
1 Birne
1 Orange
1 Tasse gefrorene Mango
Wasser

241. Der Würzige

2 Stangen Stangensellerie mit Grün
100g Spinat
1 Schälchen Brombeeren
10 Weintrauben (ohne Kerne)
1 Banane
Wasser

242. Saure Erfahrung

2 Tassen Schwarzkohl
2 Orangen
eine Hand voll Johannisbeeren
1 Mango
Wasser

243. Kaki-Ingwer

2-3 Tassen Mangold
1 Pfirsich
1 Kakifrucht
etwas Ingwer
1 Banane
Wasser

244. Blaue Lagune

2 Tassen Grünkohl (ohne harte Stiele)
ein paar Blätter Kopfsalat
20 Weintrauben
1 Sternfrucht
1 Schale Blaubeeren
Wasser

245. Sweet Break

150g Salatmischung (neutral bis bitter nach Belieben)
10 Erdbeeren mit Grün
1 Birne
1 Orange
Wasser

246. Cream Avo

150g Spinat
½ Papaya (ohne Kerne)
2 Aprikosen (ohne Stein)
½ Avocado
1 Banane
Wasser

247. Kiwi-Avocado

½ Kopfsalat
3 Datteln (ohne Stein)
½ Avocado
1 Apfel
1 Kiwi
Wasser

248. Melonensmoothie

150g Salatmischung (neutral bis bitter nach Belieben)
1 Apfel
1 Banane
½ Honigmelone (ohne Kerne und Schale)
Wasser

249. Wassermelone mal anders

½ Eichblattsalat
4-6 Tassen Wassermelone
1 Pfirsich
1 Banane
Wasser

250. China Town

3 Tassen Chinakohl
10 Erdbeeren
1 Birne
1 Apfel
etwas Mango
Wasser

251. Feldsalat-Ingwer

150g Feldsalat
etwas Ingwer
4 Aprikosen
1 Orange
1 Banane
Wasser

252. Mangold for ever

2 Tassen Mangold
1 Mango
1 Kakifrucht
1 Apfel
Wasser

253. Energy

150g Feldsalat
1 Kakifrucht
1 Orange
1 Apfel
1 Kiwi
Wasser

254. Melone-Pfirsich

150g Feldsalat
½ Honigmelone (ohne Kerne und Schale)
1 Apfel
1 reifer Pfirsich
Wasser

255. Der Kraftprotz

2 Tassen Sauerampfer
2 Aprikosen
1 Birne
10 Weintrauben (ohne Kerne)
2 Datteln (ohne Kerne)
Wasser

256. Herbe Brombeere

1 Tasse Löwenzahn (oder Römersalat)
1 Tasse Mangold
1 Schale Brombeeren
1 Kiwi
etwas Mango
Wasser

257. Pikanter Wachmacher

1 Bund Petersilie
1 Tasse Chinakohl
1 Apfel
1 Sternfrucht
2 Nektarinen
1 Banane
Wasser

258. Banane Blau

2 Tassen Mangold
2 Birnen
1 Schale Blaubeeren
1 Banane
Wasser

259. Sweet Cream

½ Kopfsalat
1 Birne
2 Pfirsiche
1 Mango
Wasser

260. Schwarzkohlkracher

1 Tassen Schwarzkohl
ein paar Blätter Kopfsalat
2 Orangen
2 Aprikosen
1 Banane
Wasser

261. Tropischer Mix

2 Tassen Chinakohl
½ Papaya
1 Orange
2 Bananen
Wasser

262. Papaya-Power

150g Spinat
½ Papaya
mit Wassermelone auffüllen und mixen

263. Mandarinen-Energie

150g Babyspinat
1 Apfel
10 Weintrauben (ohne Kerne)
2 Mandarinen
½ Avocado
Wasser

264. Vitamin C

2 Tassen Chinakohl
eine Hand voll Feldsalat
4 reife Aprikosen
1 Orange
1 Mango
Wasser

265. Die Römer kommen!

4 Blätter Römersalat
100g Feldsalat
1 Birne
1 Mango
Wasser

266. Queen

2 Tassen Mangold
2 Tassen Babyspinat
4 Tassen Wassermelone
2 Orangen
1 Banane
Wasser

267. Speedy

2 Tassen Chinakohl
½ Bund Petersilie
½ Zitrone ohne Kerne
1 Orange
1 Mango
Wasser

268. Peach

150g Salatmischung
10-15 reife süße Erdbeeren
1 reifer Pfirsich
Wasser

269. Sizzler

150g Feldsalat
etwas Ingwer
1 Pfirsich
2 Birnen
½ Avocado
2 Datteln
Wasser

270. Kresse im Brunnen

etwas Brunnenkresse
100g Feldsalat
2 reife Nektarinen
1 Kakifrucht
1 Banane
Wasser

271. Seelenbalsam

2 Tassen Grünkohl (vom Stängel abgestreift)
etwas Feldsalat
½ Honigmelone
1 Nektarine
1 Orange
Wasser

272. Fantasy

150g Salatmischung
1 Apfel
10 Weintrauben ohne Kerne
1 Mango
1 Orange
Wasser

273. Saurer Mangold

2 Tassen Mangold
2 Tassen Spinat
1 Apfel
1 Schale Johannisbeeren
1-2 Bananen
Wasser

274. Hoch die Gläser!

2 Tassen Grünkohl (vom Stängel abgestreift)
½ Papaya (ohne Schale und Kerne)
1 Mango
Wasser

275. Meistermix

150g Spinat
1 Orange
1 Birne
1 Apfel
1 Mango
Wasser

276. Romeo

150g Römersalat
3 Mandarinen (ohne Kerne)
1 Birne
etwas Zitrone
1 Mango
Wasser

1 Tasse = ca. 250 ml oder ¼ Liter

277. Rondo

150g Babyspinat
1 Schale Blaubeeren
1 Orange
1 Banane
Wasser

278. Verkostung

150g Feldsalat
1 Birne
½ Honigmelone
1 Avocado
etwas Ingwer
Wasser

279. Evergreen

150g Spinat
2 Mandarinen
1 Apfel
1 Kakifrucht
2 Datteln
Wasser

280. Hammer

150g Feldsalat
50g Portulac
1 Mango
1 Schale Erdbeeren mit Grün
Wasser

281. Sternenhimmel

150g Feldsalat
1 Orange
2 Nektarinen
1 Sternfrucht
1 Pfirsich
1 Banane
Wasser

282. Peters Pikanter

150g Salatmischung
etwas Petersilie
1 Mango
etwas Ingwer
1 Orange
Wasser

283. Bärensaft

½ Kopf Eichblattsalat
1 Schale Brombeeren
1 Orange
1 Schale Blaubeeren
Wasser

284. Imagine

2 Tassen Schwarzkohl
1 Birne
2 Orangen
1 Mango
Wasser

285. Nicks Bester

150g Spinat
2 Äpfel
1 Pfirsich
1 Orange
1-2 Tassen Mango
Wasser

286. TNT

150g Babyspinat
1 Schale Johannisbeeren
2 Bananen
1 Birne
Wasser

287. Nice

2 Stangen Stangensellerie
etwas Feldsalat
2 Orangen
1 Avocado
1 Apfel
Wasser

288. United

ein paar Blätter der Roten Beete
2 Tassen Mangold
etwas Ingwer
1 Birne
2 Blutorangen
1 Banane
Wasser

289. Mint and Berry

4 Blätter Minze
150g Spinat
1 reife Kiwi
10 Erdbeeren
1 Mango
Wasser

290. Sweet Pak Choi

½ Römersalat (junge Blätter sind nicht so bitter)
½ Pak Choi
1 Pfirsich
1 Birne
1 Orange
1 Banane
Wasser

291. Kaki-Pak-Choi

½ Römersalat (junge Blätter sind nicht so bitter)
½ Pak ChoiWasser
1 Kakifrucht
1 Blutorange
4 Pflaumen
1 Banane
Wasser

292. Supreme

2 Tassen Grünkohl (vom Stängel abgestreift)
4 Blätter Minze
2 Blutorangen
½ Ananas
1 Tasse Mango (gefroren)
Wasser

293. Stroke

2 Tassen Chinakohl
½ Salatgurke
½ Ananas
1 Pfirsich
½ Kokosnuss (Saft und Fleisch)
Wasser

294. Picnic

1 Tasse junger Portulak
150g Feldsalat
1 Birne
Mit Wassermelone auffüllen und mixen
ggf. Wasser zufügen und aufmixen

295. Blutorange

150g Feldsalat
1 Grapefruit (ohne Kerne)
1 Blutorange
1 Mango
1 Banane
Wasser

296. Passion

½ Bund Petersilie
½ Pak Choi
1 Hand voll Feldsalat
1 Schälchen Johannisbeeren
3 Datteln (ohne Stein)
2 Bananen
Wasser

297. Startschuss

2-3 Tassen Mangold
1 Orange
1 Apfel
½ Ananas
1 Banane
Wasser

298. Nur mit Strohhalm!

½ Kopfsalat
1 Kokosnuss (Saft und Fleisch)
4 Zwetschgen
2 Bananen
Wasser

299. Obsession

150g Feldsalat
5 Erdbeeren
5 Zwetschgen
1 Orange
1 Tasse Mango (gefroren)
Wasser

300. Musik

150g Babyspinat
1 Apfel
½ Honigmelone
etwas Mango
Wasser

1 Tasse = ca. 250 ml oder ¼ Liter

301. Mythisch

½ Kopfsalat
2 Nektarinen
1 Birne
1 Kakifrucht
Wasser

302. Musketier

2 Tassen Kohl
2 Datteln
1 Birne
10 Weintrauben
1 Banane
Wasser

303. In Good Health

150g Spinat
1 Mango
1 Kakifrucht
1-2 Orangen
Wasser

304. Dreaminess

1 Tasse Löwenzahn
100g Feldsalat
1 Orange
2 Mandarinen
2 Bananen
Wasser

305. Drift Ice

1 Pak Choi
1 Grapefruit (ohne Kerne)
1 Kakifrucht
etwas Ingwer
1 Tasse Mango (gefroren)
Wasser

306. Harvester

150g Salatmischung (neutral bis bitter je nach Geschmack)
3 Kiwis
1 Banane
1 Orange
Wasser

307. Matrix

150g Feldsalat
1 Mango
2 Orangen
1 Birne
etwas Ingwer
Wasser

308. Get up!

1 Pak Choi
2 Kiwis
Mit Wassermelone auffüllen und Mixen
ggf. Wasser zugeben

309. Song

1 Tasse Weizengras
1 Hand voll Salat
1 Kakifrucht
1 Schale Blaubeeren
1 Birne
Wasser

310. Helmuts Knaller

2 Tassen Chinakohl
1 Orange
1 Aprikose
1 Schale Johannisbeeren
2 Bananen
Wasser

311. Wiesenglück

1 Tasse Sauerampfer
2 Tassen Mangold
1 Schale Blaubeeren
1 Birne
1 Orange
Wasser

312. Petras Idee

1 Tasse Weizengras
2 Blätter Kohl
1 Mango
2 Aprikosen
1 Apfel
1 Pfirsich
Wasser

313. Someday

5 Blätter Minze
150g Spinat
1 Orange
1 Apfel
1-2 Tassen Mango (gefroren)
Wasser

314. Freund am Morgen

2 Tassen Grünkohl (Grün vom Stängel abgestreift)
1 Kokosnuss (Saft und Fleisch
5 Erdbeeren
½ Ananas

315. Hochfrequenz!

1 Tasse Grün der Roten Beete
1 Portulak
2 Aprikosen
1 Blutorange
2 Bananen
Wasser

316. Sonett

2 Tassen Chinakohl
1 Apfel
½ Papaya (ohne Kerne und Schale)
10-20 Weintrauben (je nach Belieben)
Wasser

317. LOL

1 Stange Stangensellerie
½ Römersalat
5 Blätter Minze
1 Birne
1 Orange
5 Pflaumen
1 Banane
Wasser

318. Happy Blue

½ Kopfsalat
etwas Ingwer
1 Schale Blaubeeren
1 Mango
Wasser

319. Es mundet!

2 Tassen Schwarzkohl
1 Avocado
1 Orange
1 Apfel
1 Banane
Wasser

320. Nizza

½ Salatkopf
1 Apfel
1 Schale Blaubeeren
1 Spritzer Zitrone
2 Datteln (nur falls noch nicht süß genug)
Wasser

321. Einmaleins

½ Salatkopf
1 Orange
1 Honigmelone (ohne Kerne und Schale)
etwas Wasser

322. Sweet Asia

1 Pak Choi
1 Apfel
1 Banane
1 Grapefruit (ohne Kerne)
1-2 Tassen Mango
Wasser

323. Pop Song

½ Eichblattsalat
1 Birne
½ Tasse Kokosmilch
1 Kakifrucht
ein paar Weintrauben (ohne Kerne)
1 Banane
Wasser

324. Traubensaft

½ Eichblattsalat
Alle Beeren einer Weintraube (ohne Kerne)
1 Orange
1-2 Tassen Mango (gefroren)
Wasser

325. Thank You!

½ Kopf Salat (neutral bis bitter nach Geschmack)
3 Tassen Wassermelone
1 Birne
etwas Zitrone
Wasser

326. Smiley

2 Tassen Kohl (Schwarzkohl oder Chinakohl)
1 Apfel
1 Birne
2 Nektarinen
1 Tasse Mango (gefroren
Wasser

327. Flying Dream

½ Bund Petersilie
2 Tassen Grünkohl (Grün von Stängeln abgestreift)
1 Banane
1 Sternfrucht
1 Apfel
1 Kakifrucht
Wasser

328. Smooth!

150g Feldsalat

1 Apfel

10 Erdbeeren

1 Avocado

2-4 Datteln je nach gewünschter Süße (ohne Steine)

Wasser

329. Selbst kosten!

1 Tasse Römersalat

2 Tassen Feldsalat

1 Banane

1 Nektarine oder Pfirsich

1 Apfel

1 Orange

Wasser

330. Knallig

150g Spinat

1 Mango

2 Blutorangen (ohne Kerne)

1 Apfel

Wasser

1 Tasse = ca. 250 ml oder ¼ Liter

331. Knallfrosch am Morgen

2 Tassen Mangold
1 Banane
1 Orange
1 Apfel
½ Schale Brombeeren
Wasser

332. Elfennektar

150g Babyspinat
1 Kakifrucht
½ Papaya (ohne Kerne und Schale)
etwas Zitronensaft
Wasser

333. Elite

½ Kopf Salat (nicht bitter)
etwas Brunnenkresse
2 Orangen
2 Äpfel
1 Mango
Wasser

334. Cha-Cha-Cha

150g Feldsalat
2 Datteln
1 Apfel
etwas Ingwer
1 Birne
1 Orange
Wasser

335. Express

2 Tassen Chinakohl
1 Orange
½ Honigmelone
1 Schale Blaubeeren
Wasser

336. Check in

1 Tasse Sauerampfer
½ Kopf Salat
3 Kiwis
5 Erdbeeren
1-2 Tassen Mango (gefroren)
Wasser

1 Tasse = ca. 250 ml oder ¼ Liter

337. Gravitation

die inneren Blätter eines Römersalats
1 Hand voll Feldsalat
1 Banane
1 Birne
1 Orange
1 Apfel
Wasser

338. Erdbeer-Portulak

1 Tasse junger Portulak
2 Tassen Spinat
10 Erdbeeren
1 Orange
1 Mango
Wasser

339. Crema

150g Feldsalat
1 Birne
1 Avocado
2 Orangen
Wasser

340. Pluto

½ Kopf Salat
1 Kakifrucht
1 Banane
1 Schale Johannisbeeren
Wasser

341. Citrus

150g Babyspinat
4 Mandarinen (ohne Kerne)
1 Grapefruit (ohne Kerne)
1 Orange (ohne Kerne)
1 Banane
Wasser

342. Crush

2 Tassen Kohl
1 Schale Brombeeren
1 Birne
1 Orange
1-2 Tassen Mango (gefroren)
Wasser

343. Hula-Hoop

2 Tassen Schwarzkohl
4 reife Pfirsiche
1 Banane
Wasser

344. Warm up!

2 Tassen Mangold
1 Honigmelone
1 Orange
Wasser

345. Der Wecker

150g Spinat
4 Aprikosen
10 Weintrauben
1 Banane
Wasser

346. Soar

½ Kopf Salat
1 Sternfrucht
1 Schale Johannisbeeren
1 Mango
Wasser

347. Parlando

150g Feldsalat
1 Kakifrucht
1 Apfel
2 Bananen
etwas Zitrone
Wasser

348. Schlawiner

½ Kopf Eichblattsalat
1 Banane
2 Nektarinen
2 Orangen
1 Apfel
Wasser

349. Beat Box

2 Tassen Mangold
2 Blutorangen (ohne Kerne)
2 Birnen
etwas Mango
Wasser

350. Saure Erwartung

½ Kopf Salat
½ Papaya
½ Grapefruit (ohne Kerne)
Wasser

351. Red Green

150g Feldsalat
1 Schale Johannisbeeren
1 Mango
1 Banane
Wasser

352. Sweet Sunday

150g Feldsalat
1 Orange
½ Kokosnuss (Milch und Fleisch)
1 Mango
Wasser

353. Annas Dream

2 Tassen Mangold
10 Erdbeeren
½ Papaya
etwas Zitrone
Wasser

354. Neuseeland

150g Babyspinat
1 Mango
2 Orangen
2 Kiwis
Wasser

1 Tasse = ca. 250 ml oder ¼ Liter

355. Bitter Mango

etwas Löwenzahn (Menge nach Belieben)
½ Kopf Salat
1 Mango
3 Äpfel
Wasser

356. Last Hero

150g Feldsalat
1 Birne
1 Banane
2 Orangen
Wasser

357. Poem

2 Tassen Chinakohl
1 Avocado
1 Apfel
2 Bananen
Wasser

358. Achtung scharf!

2 Tassen Chinakohl
etwas Chilischote (ohne Kerne) nach Belieben
1 Apfel
1 Orange
1 Mango
Wasser

359. Regeneration

150g Salatmischung
etwas Ingwer
2 reife Pfirsiche
1 Orange
1 Banane
5 Erdbeeren
Wasser

360. Schwärmerei

1 Stange Stangensellerie mit Grün
2 Tassen Spinat
1 Kakifrucht
2 Orangen
1 Tasse Mango
Wasser

361. Easy Going

150g Salatmischung
3 Bananen
1 Orange
Wasser

362. On Line

150g Feldsalat
2 Blutorangen (ohne Kerne)
etwas Ingwer
1 Banane
1 Apfel
Wasser

363. Mikado

150g Spinat
½ Avocado
1 Orange
2 reife Pfirsiche
Wasser

364. Sunrise

2 Tassen Grünkohl (Grün vom Stängel abgestreift)
1 Apfel
2 Orangen
1-2 Tassen Mango (gefroren)
Wasser

365. Last, but not ...

½ Kopf Salat
1 Apfel
1 Birne
1 Sternfrucht
10 Erdbeeren
2 Datteln (ohne Steine)
Wasser

Weiterführende Literatur:

Sommer, Ian:
Grüne Smoothies, einfach schlank: Endlich ohne Hunger abnehmen!
ISBN 978-3735722157

Boutenko, Victoria:
Grüne Smoothies